Impressum
Verlag: BABADADA GmbH, Nedderfeld 112 , 22529 Hamburg
Geschäftsführer / Verlagsleitung: Harald Hof
Druck: Books on Demand GmbH, In de Tarpen 42, 22848 Norderstedt

Imprint
Publisher: BABADADA GmbH, Nedderfeld 112 , 22529 Hamburg, Germany
Managing Director / Publishing direction: Harald Hof
Print: Books on Demand GmbH, In de Tarpen 42, 22848 Norderstedt, Germany

escola
škola

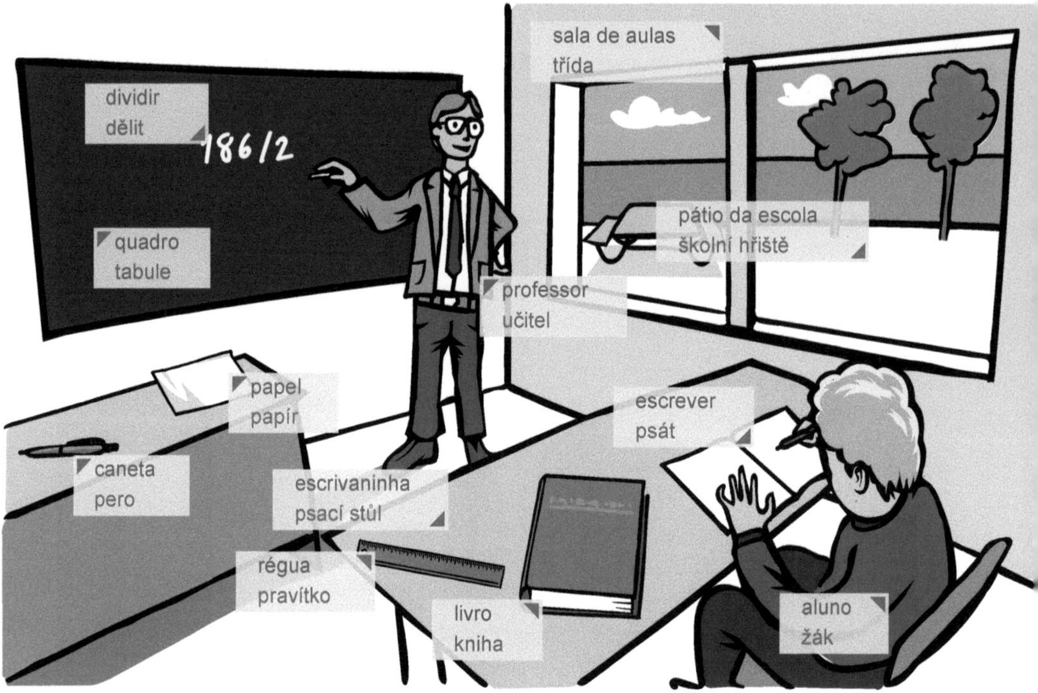

sala de aulas
třída
dividir
dělit
186/2
quadro
tabule
pátio da escola
školní hřiště
professor
učitel
papel
papír
escrever
psát
caneta
pero
escrivaninha
psací stůl
régua
pravítko
livro
kniha
aluno
žák

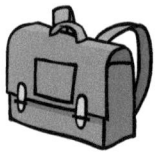

sacola

aktovka

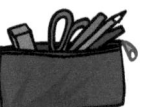

estojo de lápis

penál

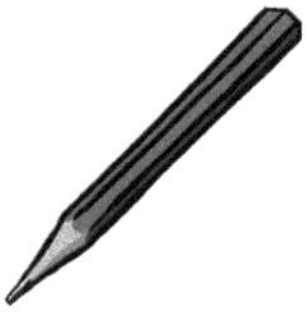

lápis

tužka

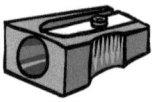

apontador de lápis

ořezávátko

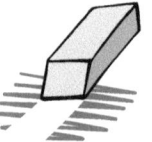

borracha

guma

bloco de desenho

blok na kreslení

desenho

výkres

pincel

štětec

estojo de tintas

malířské potřeby

tesoura

nůžky

cola

lepidlo

livro de exercícios

cvičebnice

lição de casa

domácí úkol

número

počet

somar

sčítat

subtrair

odčítat

multiplicar

násobit

calcular

počítat

letra

písmeno

alfabeto

abeceda

hello

palavra

slovo

texto

text

ler

číst

giz

křída

hora

hodina

registro da classe

třídní kniha

exame

zkouška

certificado

vysvědčení

uniforme escolar

školní uniforma

educação

vzdělání

enciclopédia

encyklopedie

universidade

univerzita

microscópio

mikroskop

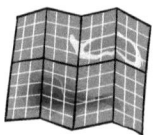

mapa

karta

cesto de lixo

odpadkový koš na papír

escola - škola

viagem
cesta

hotel
hotel
Grand
albergue
ubytovna
ROOMS
casa de câmbio
směnárna
mala
kufr
carro
auto

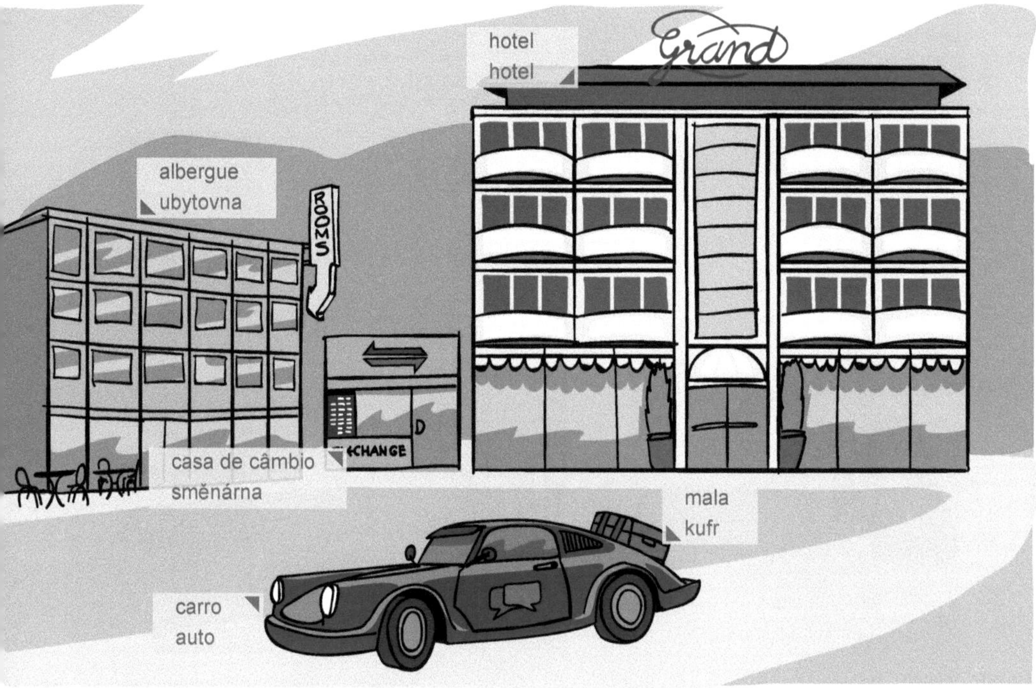

idioma

jazyk

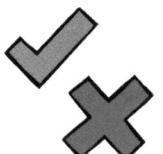

sim / não

ano / ne

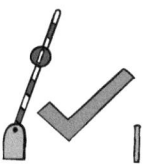

ok

oukej

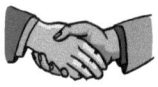

Olá

Ahoj!

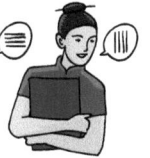

tradutor

překladatel

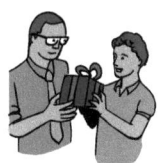

obrigado

děkuji

quanto custa...?

Kolik stojí...?

eu não entendo

nerozumím

problema

problém

boa noite!

Dobrý večer!

Bom dia!

Dobré ráno!

Boa noite!

Dobrou noc!

até logo

na shledanou

direção

směr

bagagem

zavazadlo

bolsa

taška

mochila

batoh

convidado

host

quarto

pokoj

saco de dormir

spací pytel

barraca

stan

informação turística

turistické informace

praia

pláž

cartão de crédito

kreditní karta

café da manhã

snídaně

almoço

oběd

jantar

večeře

bilhete

jízdenka

elevador

výtah

selo

poštovní známka

fronteira

hranice

alfândega

clo

embaixada

poselství

visto

vízum

passaporte

pas

transporte
transport

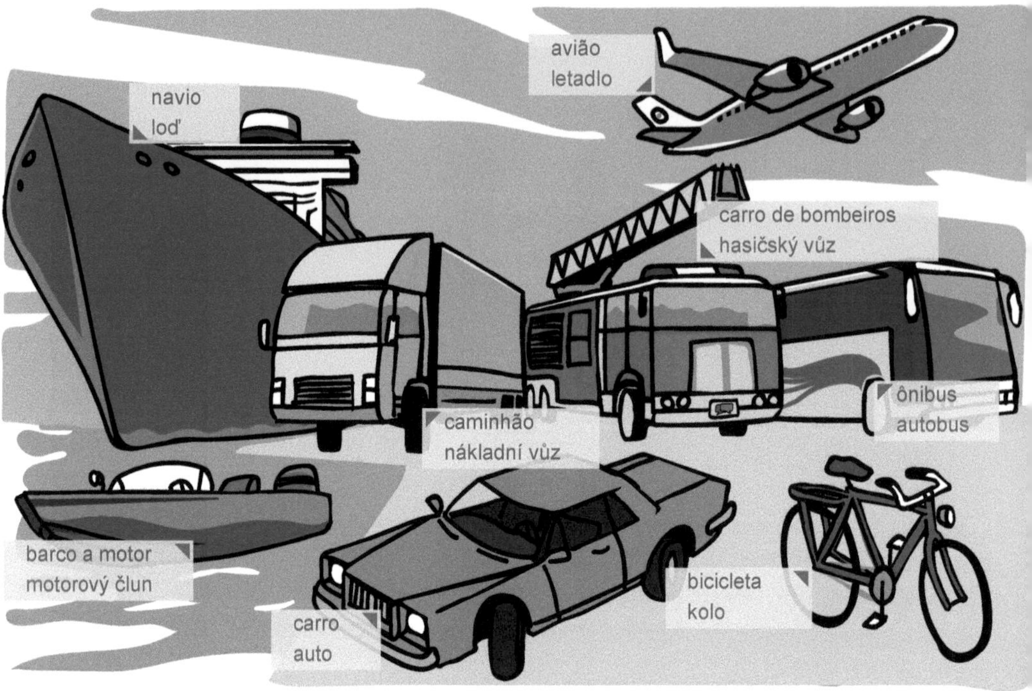

avião
letadlo
navio
loď
carro de bombeiros
hasičský vůz
ônibus
autobus
caminhão
nákladní vůz
barco a motor
motorový člun
bicicleta
kolo
carro
auto

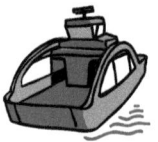

balsa
přívoz

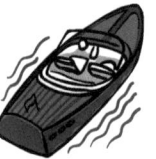

barco
člun

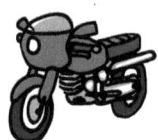

motocicleta
motorka

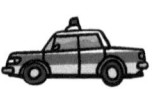

veículo policial
policejní auto

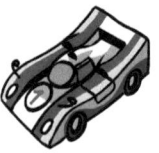

carro de corrida
závodní auto

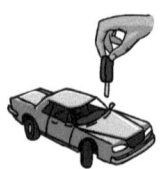

carro de aluguel
pronajaté auto

compartilhamento de
automóvel
sdílení aut

caminhão de reboque
odtahová služba

caminhão de lixo
popelářský vůz

motor
motor

combustível
palivo

posto de gasolina
čerpací stanice

placa de trânsito
dopravní značka

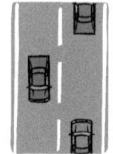

trânsito
doprava

trânsito lento
dopravní zácpa

estacionamento
parkoviště

estação de trem
vlakové nádraží

trilhos
koleje

trem
vlak

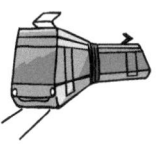

bonde
tramvaj

vagão
vagón

transporte - transport

helicóptero

helikoptéra

aeroporto

letiště

torre

věž

passageiro

pasažér

contêiner

kontejner

cartolina

kartón

carroça

trakař

cesto

koš

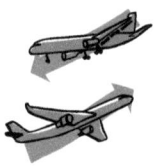

decolar / pousar

vzlétnout / přistát

cidade

město

vilarejo

vesnice

centro da cidade

střed města

casa

dům

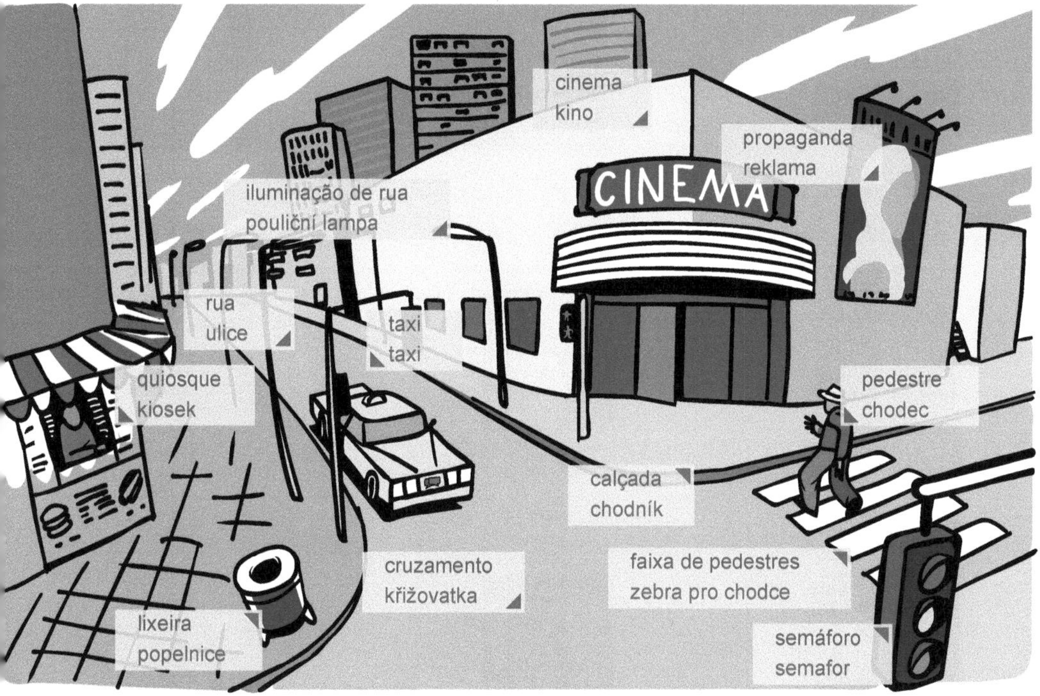

cinema
kino

propaganda
reklama

iluminação de rua
pouliční lampa

CINEMA

rua
ulice

taxi
taxi

quiosque
kiosek

pedestre
chodec

calçada
chodník

cruzamento
křižovatka

faixa de pedestres
zebra pro chodce

lixeira
popelnice

semáforo
semafor

cabana
chata

apartamento
byt

estação de trem
vlakové nádraží

prefeitura
radnice

museu
muzeum

escola
škola

cidade - město

universidade

univerzita

banco

banka

hospital

nemocnice

hotel

hotel

farmácia

lékárna

escritório

kancelář

livraria

knihkupectví

loja

obchod

floricultura

květinářství

supermercado

supermarket

mercado

tržnice

loja de departamentos

obchodní dům

peixaria

rybárna

centro comercial

nákupní centrum

porto

přístav

parque

park

banco

lavička

ponte

most

escadas

schody

metrô

metro

túnel

tunel

ponto de ônibus

autobusová zastávka

bar

bar

restaurante

restaurace

caixa de correspondência

poštovní schránka

placa de rua

pouliční tabule

parquímetro

parkovací hodiny

zoológico

zoo

piscina

plovárna

mesquita

mešita

fazenda
usedlost

poluição
znečišťování životního prostředí

cemitério
hřbitov

igreja
církev

parquinho
hřiště

templo
chrám

paisagem
krajina

folha
list

placa de sinalização
rozcestník

caminho
cesta

gramado
louka

pedra
kámen

caminhantes
turista

árvore
strom

rio
řeka

grama
tráva

flor
květina

vale
údolí

montanha
hora

lago
jezero

floresta
les

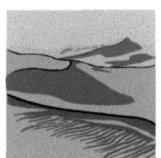

deserto
poušť

vulcão
sopka

castelo
zámek

arco-íris
duha

cogumelo
houba

palmeira
palma

mosquito
komár

mosca
moucha

formiga
mravenec

abelha
včela

aranha
pavouk

besouro

brouk

sapo

žába

esquilo

veverka

ouriço

ježek

lebre

zajíc

coruja

sova

pássaro

pták

cisne

labuť

javali

divoké prase

veado

jelen

alce

los

barragem

přehrada

aerogerador

větrné kolo

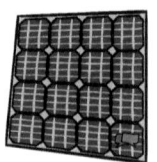

painel solar

solární panel

clima

podnebí

restaurante

restaurace

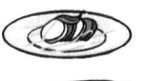

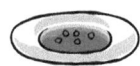

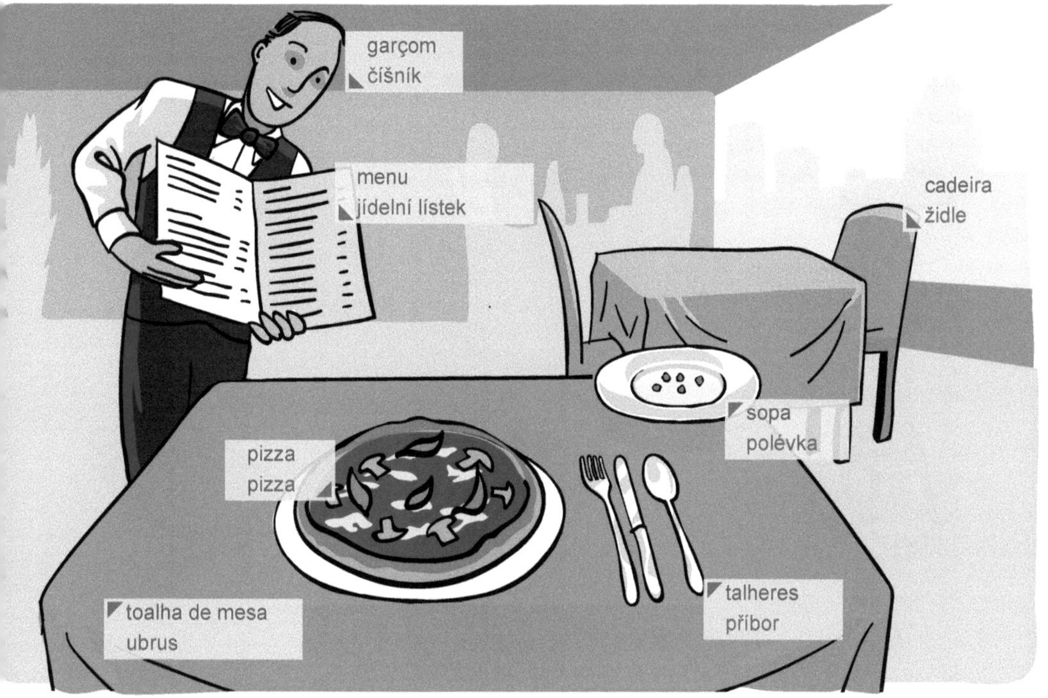

garçom
číšník
menu
jídelní lístek
cadeira
židle
sopa
polévka
pizza
pizza
talheres
příbor
toalha de mesa
ubrus

entrada
předkrm

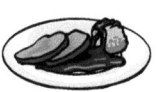

prato principal
hlavní chod

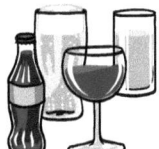

sobremesa
dezert

bebidas
nápoje

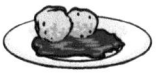

comida
jídlo

garrafa
láhev

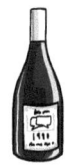

fastfood

rychlé občerstvení

comida de rua

pouliční občerstvení

bule de chá

čajová konvice

açucareiro

cukřenka

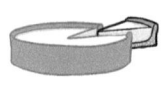

porção

porce

máquina de expresso

kávovar na espresso

cadeirão

dětská stolička

conta

faktura

bandeja

tác

faca

nůž

garfo

vidlička

colher

lžíce

colher de chá

čajová lyžička

guardanapo

ubrousek

copo

sklenička

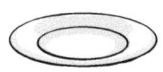

prato
....
talíř

prato de sopa
....
talíř na polévku

pires
....
podšálek

molho
....
omáčka

saleiro
....
slánka

moedor de pimenta
....
mlýnek na pepř

vinagre
....
ocet

óleo
....
olej

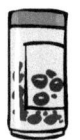

especiarias
....
koření

ketchup
....
kečup

mostarda
....
hořčice

maionese
....
majonéza

supermercado
supermarket

oferta especial
nabídka
FOR
cliente
zákazník
laticínios
mléčné výrobky
frutas
ovoce
carrinho de compras
nákupní vozík

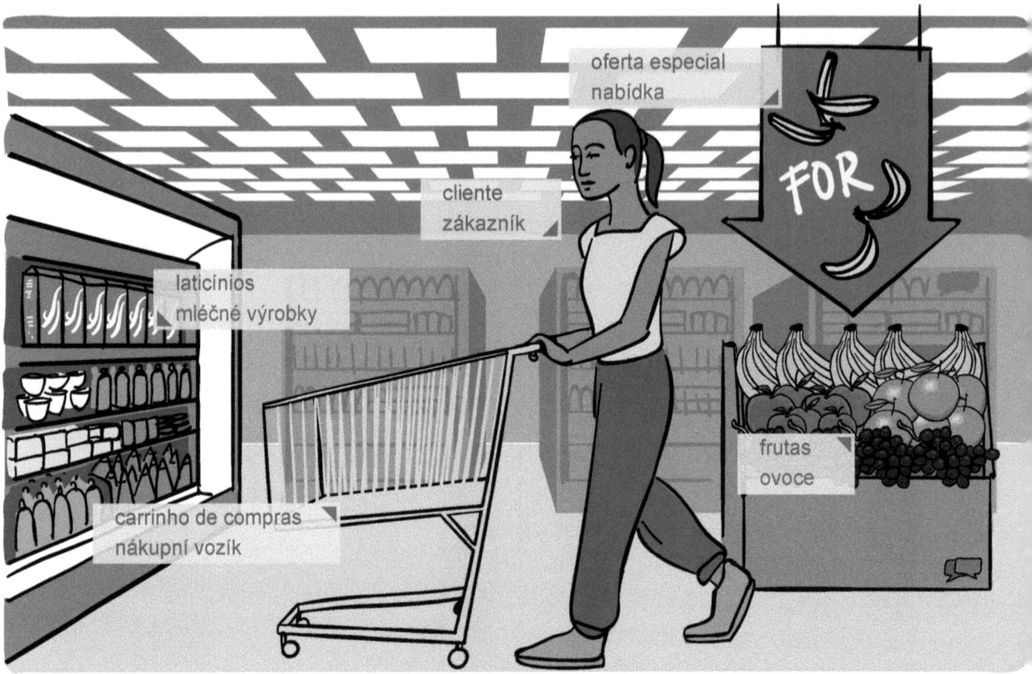

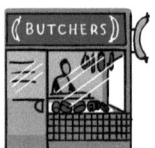

BUTCHERS

açougue
masna

BAKERY

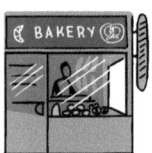

padaria
pekařství

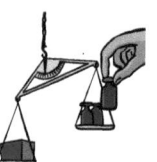

pesar
vážit

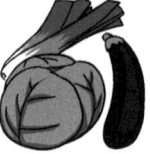

legumes
zelenina

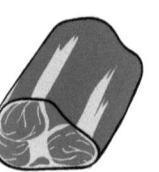

carne
maso

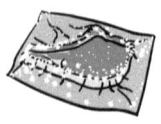

congelados
mražené potraviny

charcutaria

obložený talíř

conservas

konzervy

detergente em pó

prací prášek

doces

cukrovinky

artigos domésticos

výrobky pro domácnost

produtos de limpeza

čisticí prostředek

vendedora

prodavačka

caixa

pokladna

caixa

pokladní

lista de compras

nákupní seznam

horário de funcionamento

otevírací doba

carteira

peněženka

cartão de crédito

kreditní karta

sacola

taška

saco plástico

igelitová taška

água

voda

suco

džus

leite

mléko

coca-cola

kola

vinho

víno

cerveja

pivo

álcool

alkohol

cacau

kakao

chá

čaj

café

káva

expresso

espresso

cappuccino

kapučíno

banana
banán

maçã
jablko

laranja
pomeranč

melão
meloun

limão
citrón

cenoura
mrkev

alho
česnek

bambu
bambus

cebola
cibule

cogumelo
houba

nozes
ořechy

macarrão
těstoviny

espaguete

špageti

arroz

rýže

salada

salát

batatas fritas

hranolky

batatas frias

americké brambory

pizza

pizza

hambúrger

hamburger

sanduíche

sendvič

escalope

řízek

presunto

šunka

salame

salám

salsicha

salám

galinha

kuře

assado

pečeně

peixe

ryby

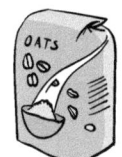

flocos de aveia

ovesné vločky

granola

müsli

flocos de milho

vločky

farinha

mouka

croissant

croissant

pãozinho

houska

pão

chléb

torrada

toast

biscoitos

sušenky

manteiga

máslo

requeijão

tvaroh

bolo

buchta

ovo

vejce

ovo frito

volské oko

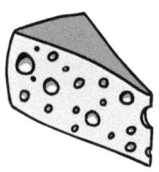

queijo

sýr

sorvete

zmrzlina

açúcar

cukr

mel

med

geleia

marmeláda

creme de avelãs

nugátový krém

curry

kari

comida - jídlo

fazenda
usedlost

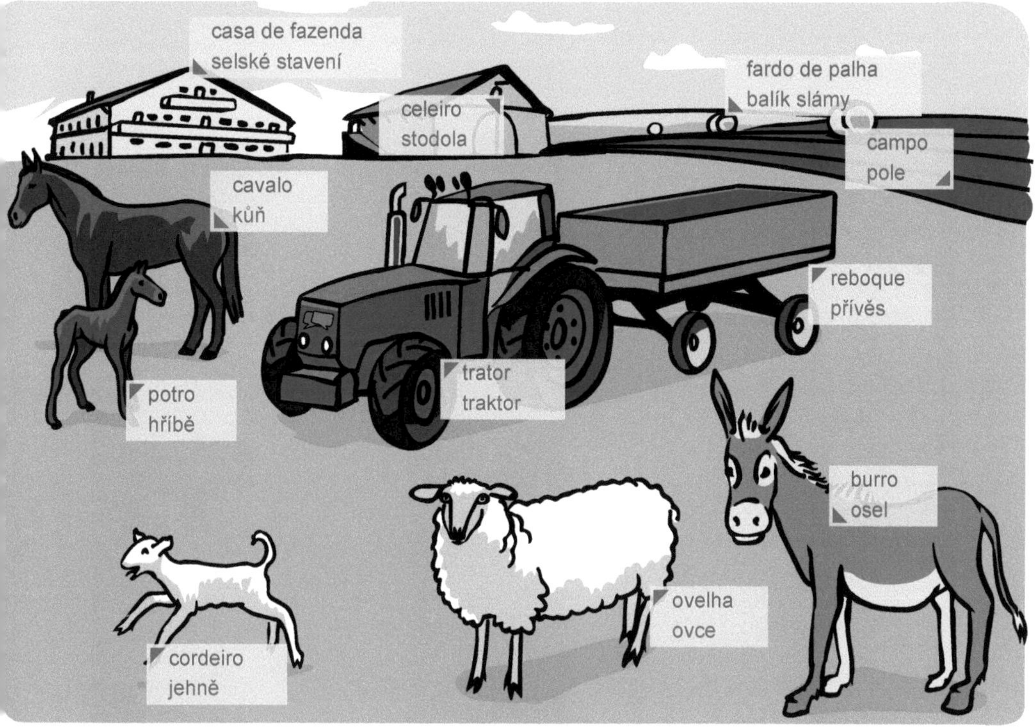

casa de fazenda
selské stavení
celeiro
stodola
fardo de palha
balík slámy
campo
pole
cavalo
kůň
reboque
přívěs
trator
traktor
potro
hříbě
burro
osel
ovelha
ovce
cordeiro
jehně

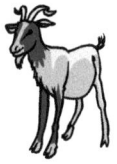

cabra
koza

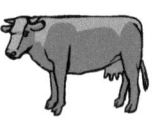

vaca
kráva

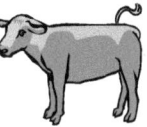

bezerro
tele

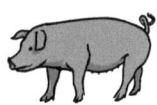

porco
prase

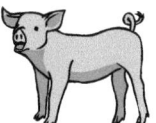

leitão
sele

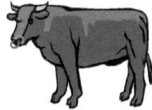

touro
býk

ganso

husa

pato

kachna

pintinho

kuře

galinha

slepice

galo

kohout

ratazana

krysa

gato

kočka

camundongo

myš

boi

vůl

cachorro

pes

casinha do cachorro

psí bouda

mangueira de jardim

zahradní hadice

regador

kropicí konev

foice

kosa

arado

pluh

fazenda - usedlost

foice
srp

enxada
motyka

forquilha
vidle

machado
sekera

carrinho de mão
kolecko

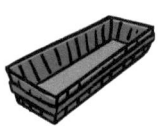

manjedoura
koryto

jarra de leite
konev na mléko

saco
pytel

cerca
plot

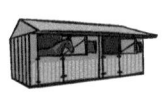

estábulo
stáj

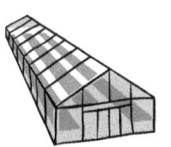

estufa
skleník

solo
půda

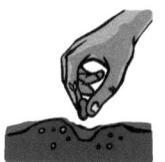

semente
osivo

fertilizante
hnojivo

colheitadeira
kombajn

colher

sklidit

colheita

sklizeň

inhame

smldinec

trigo

pšenice

soja

sója

batata

brambora

milho

kukuřice

colza

řepka

árvore frutífera

ovocný strom

mandioca

maniok

cereais

obilí

fazenda - usedlost

chaminé
komín

telhado
střecha

calhas de chuva
okap

janela
okno

garagem
garáž

campainha da porta
zvonek

porta
dveře

lata de lixo
popelnice

caixa de correspondência
dopisní schránka

jardim
zahrada

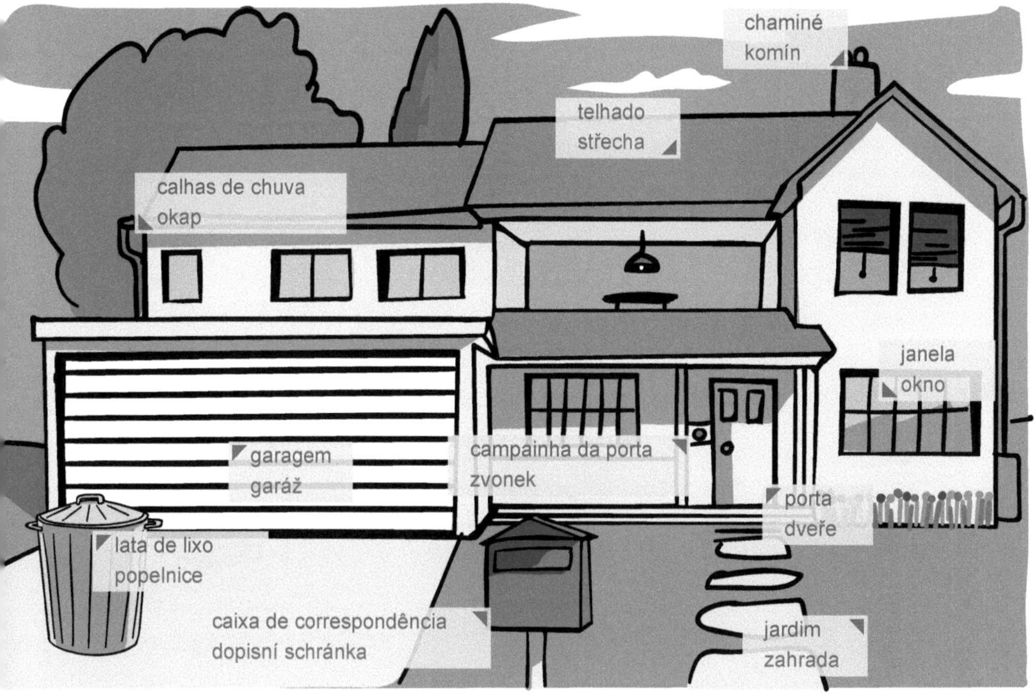

sala de estar

obývací pokoj

banheiro

koupelna

cozinha

kuchyně

quarto de dormir

ložnice

quarto de criança

dětský pokoj

sala de jantar

jídelna

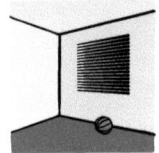

chão

podlaha

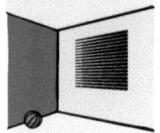

parede

zeď

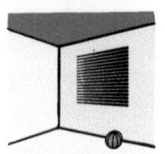

teto

deka

porão

sklep

sauna

sauna

varanda

balkón

terraço

terasa

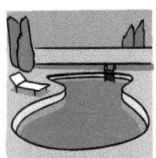

piscina

bazén

cortador de grama

sekačka na trávu

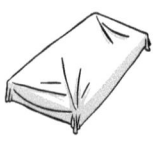

lençol

ložní prádlo

coberta

lůžková přikrývka

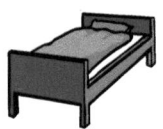

cama

postel

vassoura

smeták

balde

kýbl

interruptor

vypínač

sala de estar
obývací pokoj

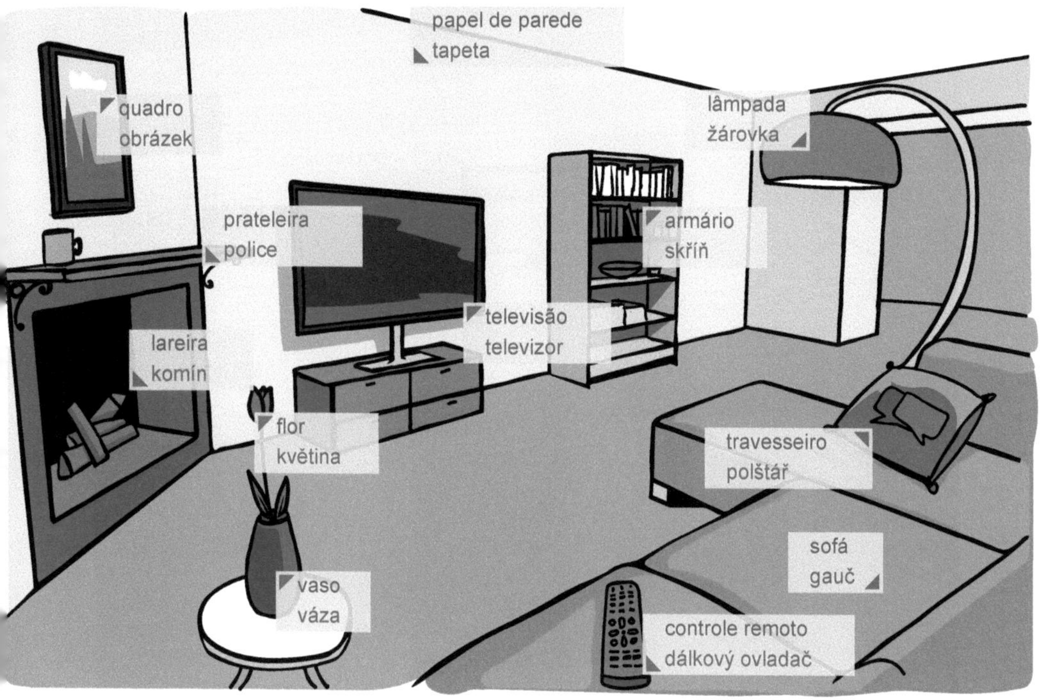

papel de parede
tapeta
quadro
obrázek
lâmpada
žárovka
prateleira
police
armário
skříň
televisão
televizor
lareira
komín
flor
květina
travesseiro
polštář
sofá
gauč
vaso
váza
controle remoto
dálkový ovladač

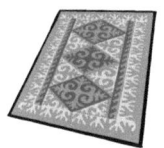

tapete

koberec

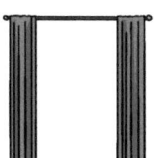

cortina

závěs

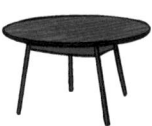

mesa

stůl

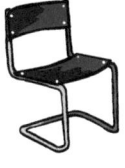

cadeira

židle

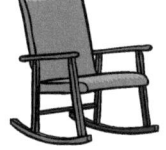

cadeira de balanço

houpací křeslo

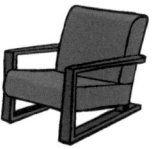

poltrona

křeslo

livro

kniha

cobertor

strop

decoração

ozdoba

lenha

palivové dříví

filme

film

equipamento de som

stereo souprava

chave

klíč

jornal

noviny

pintura

malba

pôster

plakát

rádio

rádio

bloco de notas

poznámkový blok

aspirador

vysavač

cacto

kaktus

vela

svíce

geladeira
chladnička

microondas
mikrovlnná trouba

balança de cozinha
kuchyňská váha

tostadeira
toustovač

detergente
čisticí prostředek

freezer
mraznička

forno
trouba

lata de lixo
popelnice

lava-louças
myčka nádobí

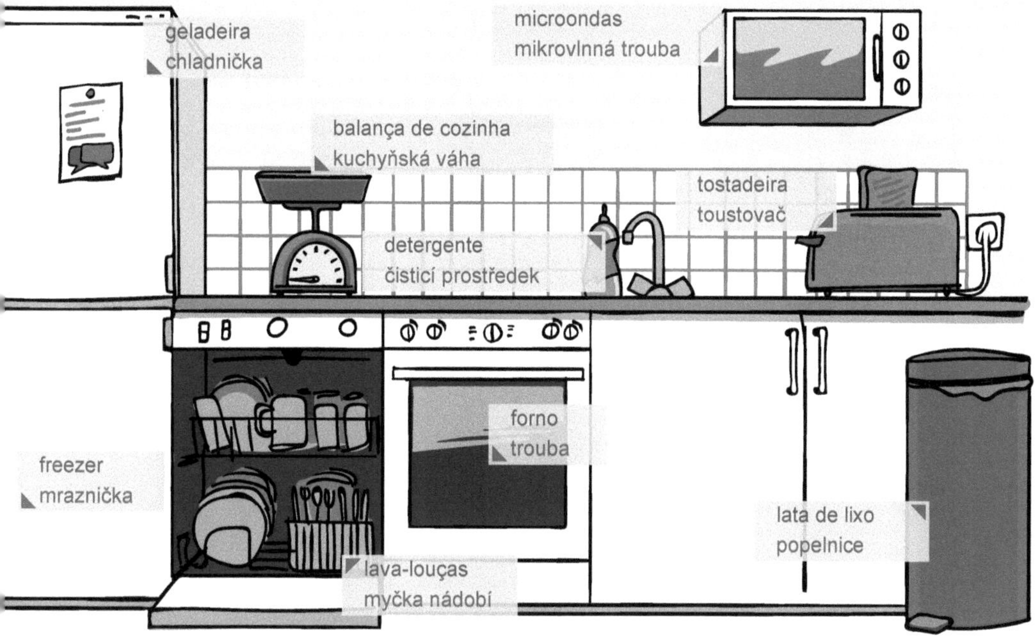

fogão
....
sporák

panela
....
hrnec

panela de ferro
....
litinový hrnec

wok / kadai
....
wok / kadai

frigideira
....
pánev

chaleira
....
varná konvice

cozinha - kuchyně

panela a vapor

parní hrnec

tabuleiro de forno

plech na pečení

louça

nádobí

caneca

hrnek

caçarola

miska

hashi

jídelní hůlky

concha de sopa

naběračka

espátula

obracečka

batedor

metla

escorredor

síto

peneira

cedník

ralador

struhadlo

almofariz

hmoždíř

churrasqueira

gril

lareira

ohniště

tábua de cortar

prkénko na krájení

rolo da massa

váleček na těsto

saca-rolhas

vývrtka

lata

dóza

abridor de latas

otvírák na konzervy

pegador de panela

chňapka

pia

umyvadlo

escova

kartáč na nádobí

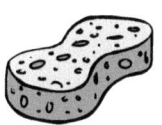

esponja

houba

liquidificador

mixér

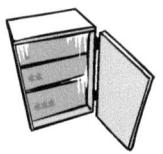

congelador

mrazák

mamadeira

dětská lahev

torneira

kohoutek

banheiro

koupelna

aquecimento
topení
ducha
sprcha
toalha
ručník
cortina de chuveiro
sprchový závěs
banho de espuma
pěnová koupel
banheira
vana
lava-roupa
pračka
copo
sklenička
torneira
kohoutek
azulejos
obkladačky
penico
nočník
pia
umyvadlo

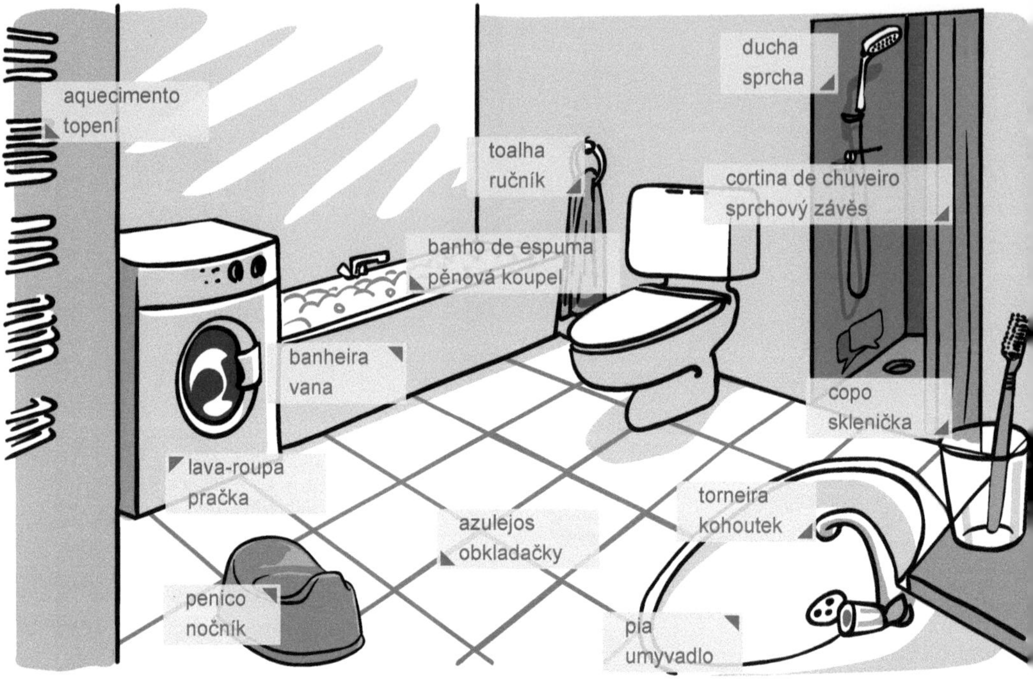

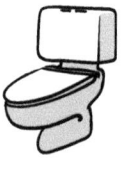

vaso sanitário

záchod

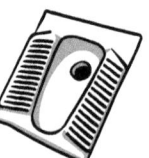

lavabo de agachar

turecký záchod

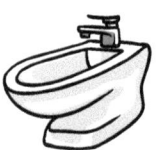

bidê

bidet

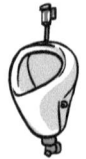

mictório

pisoár

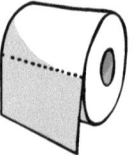

papel higiênico

toaletní papír

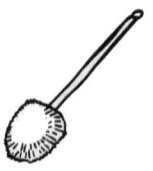

escova de privada

záchodová štětka

escova de dentes
zubní kartáček

pasta de dentes
zubní pasta

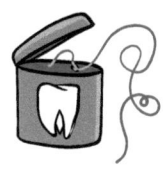

fio dental
zubní niť

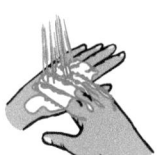

lavar
mýt

ducha de mão
ruční sprcha

ducha íntima
intimní sprcha

bacia
umyvadlo

escova para as costas
kartáč na záda

sabonete
mýdlo

gel de banho
sprchový gel

xampu
šampón

toalha de rosto
žínka

escoamento
odpad

creme
krém

desodorante
deodorant

espelho

zrcadlo

espelho de mão

kosmetické zrcátko

barbeador

holicí strojek

espuma de barbear

pěna na holení

loção pós-barba

voda po holení

pente

hřeben

escova

kartáč

secador de cabelo

fén

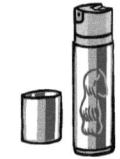

spray de cabelo

lak na vlasy

maquiagem

makeup

batom

rtěnka

esmalte de unhas

lak na nehty

algodão

vata

tesoura para unhas

nůžky na nehty

perfume

parfém

nécessaire

taška s toaletními potřebami

banquinho

stolička

balança

váha

roupão de banho

župan

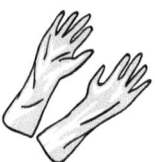

luvas de borracha

gumové rukavice

absorvente interno

tampón

absorvente íntimo

dámská vložka

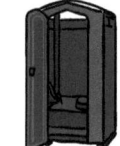

banheiro químico

chemická toaleta

quarto de criança
dětský pokoj

despertador
budík
boneco de pelúcia
plyšová hračka
carrinho de brinquedo
autíčko
chacoalho
chrastítko
casa de bonecas
domeček pro panenky
presente
dárek

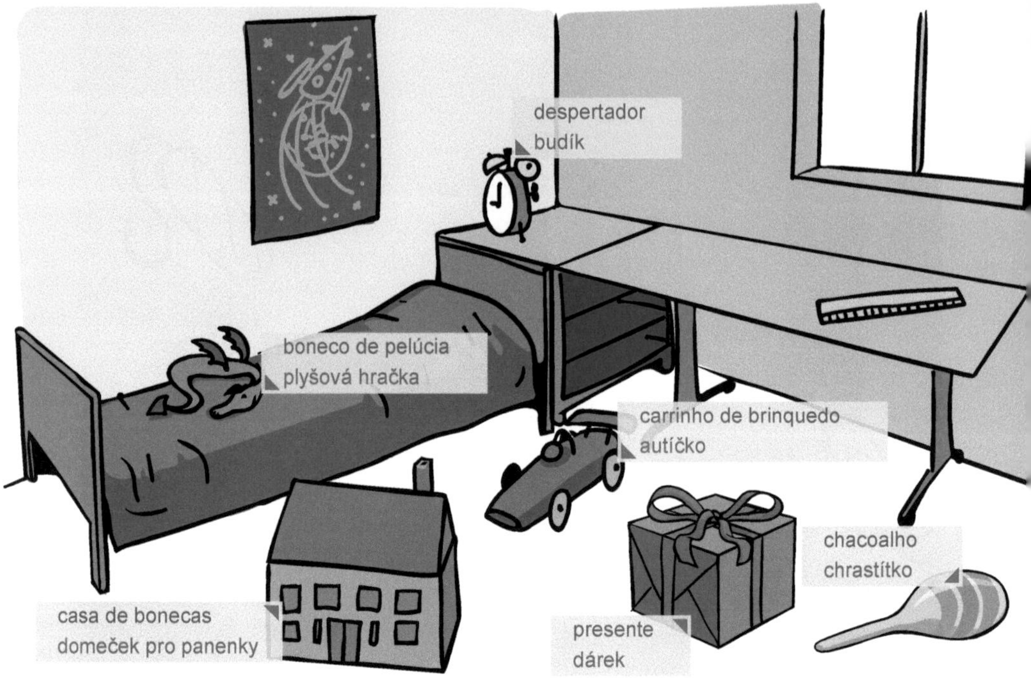

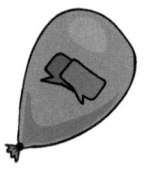

balão

balón

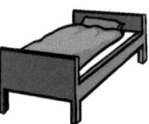

cama

postel

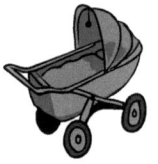

carrinho de bebê

kočárek

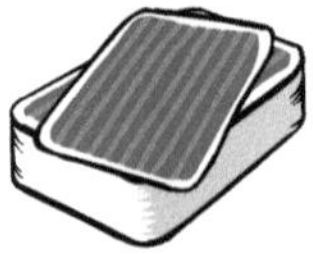

jogo de cartas

balíček karet

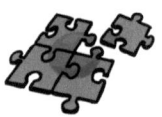

quebra-cabeças

puzzle

SUPER
MEGA

revista de quadrinhos

komiks

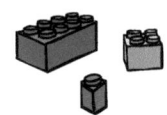

peças de Lego

lego kostky

blocos de construção

stavebnice

figura de ação

akční figurka

macaquinho de bebê

dupačky

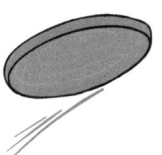

frisbee

frisbee

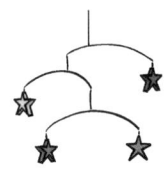

móbile para bebé

závěsné hračky nad postýlku

jogo de tabuleiro

desková hra

dados

kostky

trenzinho elétrico

modelová železnice

chupeta

dudlík

festa

oslava

livro ilustrado

obrázková kniha

bola

míč

boneca

panenka

brincar

hrát si

caixa de areia

pískoviště

balanço

houpačka

brinquedos

hračky

videogame

hrací konzole

triciclo

tříkolka

ursinho de pelúcia

medvídek

guarda-roupa

šatník

vestuário
oblečení

meias

ponožky

meias pelo joelho

punčochy

meias-calças

punčochové kalhoty

cachecol
šála

guarda-chuva
deštník

camiseta
tričko

cinto
pásek

botas
kozačky

chinelos
domácí obuv

tênis
tenisky

sandálias
sandály

sapatos
obuv

botas de borracha
holínky

roupa de baixo
spodní prádlo

sutiã
podprsenka

camiseta de baixo
nátělník

body

body

calças

kalhoty

jeans

džíny

saia

sukně

blusa

blůza

camisa

košile

pulôver

svetr

suéter com capuz

mikina

blazer

blejzr

jaqueta

bunda

casaco

kabát

gabardine

pláštěnka

traje

kostým

vestido

šaty

vestido de casamento

svatební šaty

terno
oblek

camisola
noční košile

pijama
pyžamo

sari
sárí

lenço de cabeça
šátek na hlavu

turbante
turban

burca
burka

cafetã
kaftan

abaya
abája

maiô
plavky

sunga
pánské plavky

shorts
kraťasy

roupa de treino
tepláková souprava

avental
zástěra

luvas
rukavice

botão

knoflík

óculos

brýle

pulseira

náramek

colar

náhrdelník

anel

prsten

brinco

náušnice

boné

čepice

cabide

ramínko

chapéu

klobouk

gravata

kravata

zíper

zip

capacete

helma

suspensórios

kšandy

uniforme escolar

školní uniforma

uniforme

uniforma

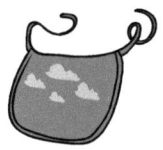

babador

bryndák

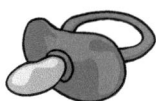

chupeta

dudlík

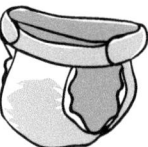

fralda

plena

escritório
kancelář

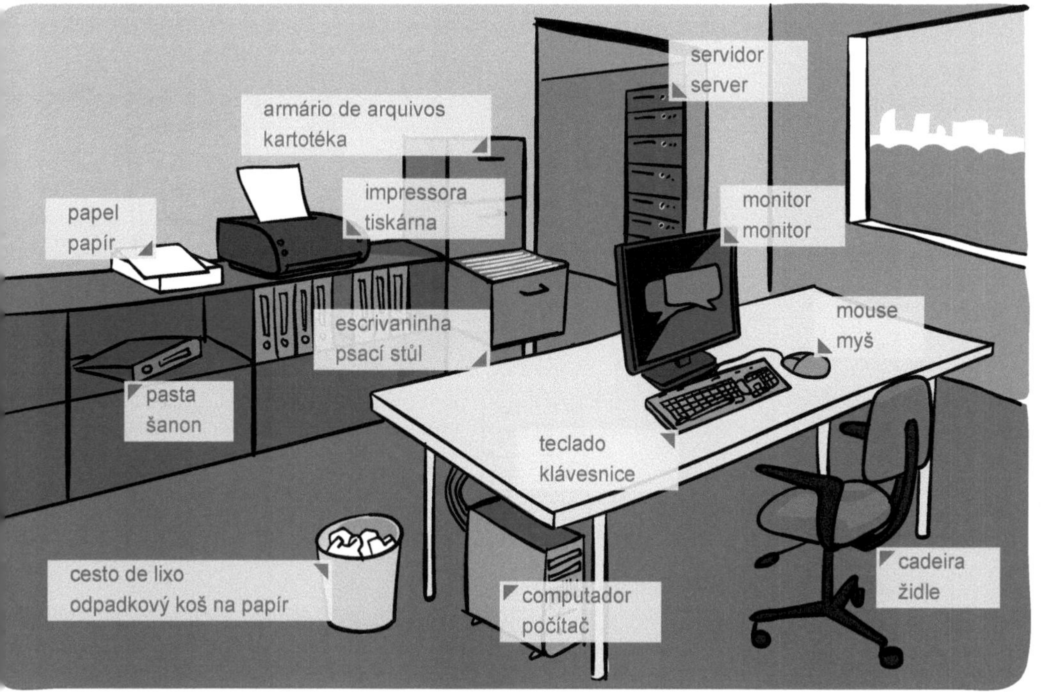

servidor
server
armário de arquivos
kartotéka
impressora
tiskárna
papel
papír
monitor
monitor
mouse
myš
escrivaninha
psací stůl
pasta
šanon
teclado
klávesnice
cesto de lixo
odpadkový koš na papír
computador
počítač
cadeira
židle

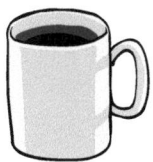

xícara de café

hrnek na kávu

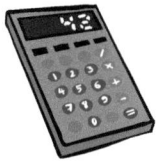

calculadora

kalkulačka

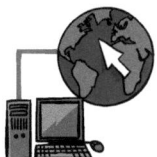

internet

internet

laptop

notebook

carta

dopis

mensagem

zpráva

celular

mobil

rede

síť

copiadora

kopírka

software

software

telefone

telefon

tomada

zásuvka

fax

fax

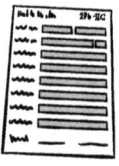

formulário

formulář

documento

dokument

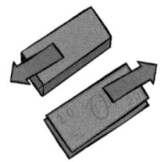

comprar

nakupovat

pagar

zaplatit

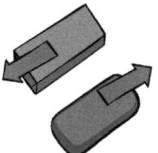

negociar

jednat

dinheiro

peníze

 USD

Dólar

dolar

 EUR

Euro

euro

 JPY

Yen

jen

 RUB

rublo

rubl

 CHF

franco suíço

frank

 CNY

renminbi yuan

juan

 INR

rupia

rupie

caixa eletrônico

bankomat

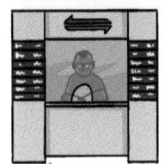

casa de câmbio

směnárna

ouro

zlato

prata

stříbro

petróleo

olej

energia

energie

preço

cena

contrato

smlouva

imposto

daň

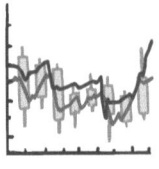

ação

akcie

trabalhar

pracovat

empregado

zaměstnanec

empregador

zaměstnavatel

fábrica

továrna

loja

obchod

economia - hospodářství

profissões
povolání

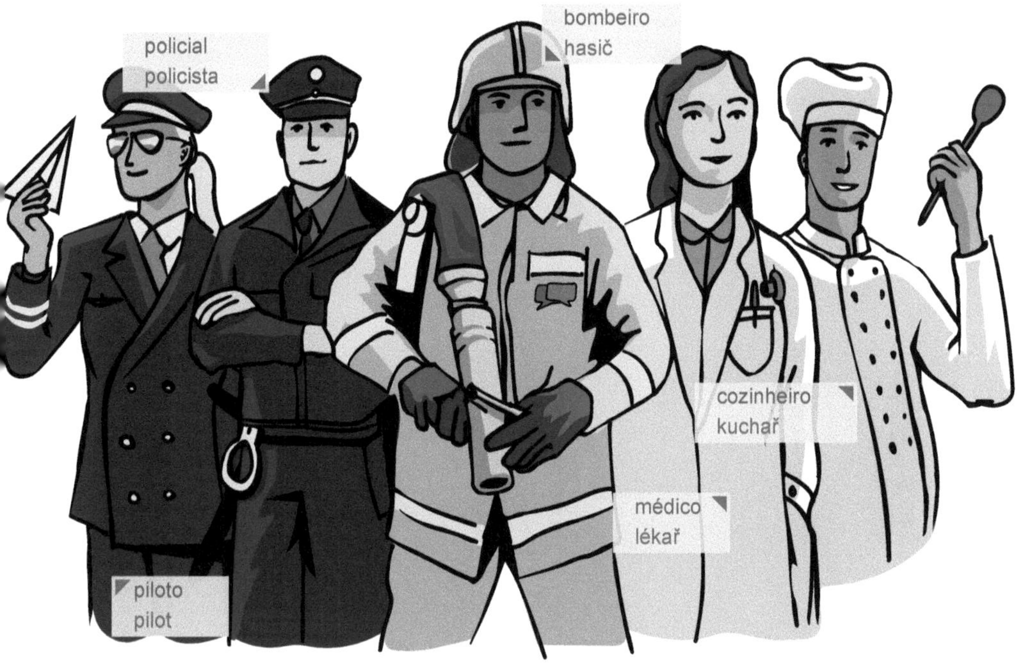
policial
policista
bombeiro
hasič
cozinheiro
kuchař
médico
lékař
piloto
pilot

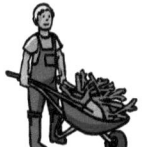

jardineiro
zahradník

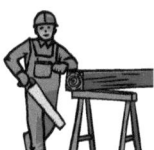

marceneiro
truhlář

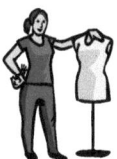

costureira
švadlena

juiz
soudce

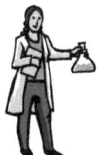

químico
chemik

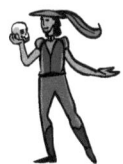

ator
herec

motorista de ônibus

řidič autobusu

motorista de táxi

řidič taxi

pescador

rybář

faxineira

uklízečka

telhador

pokrývač

garçom

číšník

caçador

myslivec

pintor

malíř

padeiro

pekař

eletricista

elektrikář

construtor

stavební dělník

engenheiro

inženýr

açougueiro

řezník

encanador

klempíř

carteiro

listonoš

soldado

voják

arquiteto

architekt

caixa

pokladní

florista

florista

cabelereiro

kadeřník

condutor

průvodčí

mecânico

mechanik

capitão

kapitán

dentista

zubař

cientista

vědec

rabino

rabín

imam

imám

monge

mnich

pastor

duchovní

ferramentas
nářadí

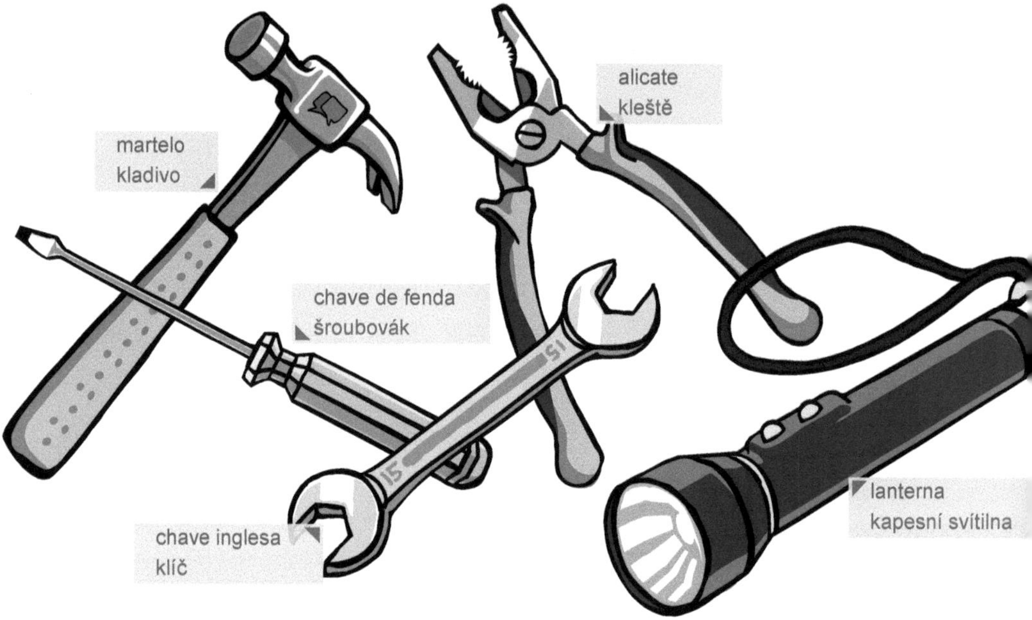
martelo
kladivo
alicate
kleště
chave de fenda
šroubovák
lanterna
kapesní svítilna
chave inglesa
klíč

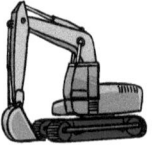

escavadora

bagr

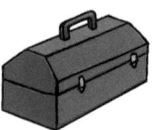

caixa de ferramentas

skříň na nářadí

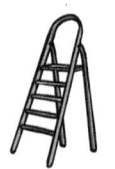

escada de mão

žebřík

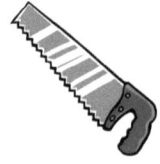

serra

pila

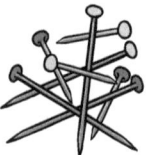

pregos

hřebíky

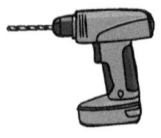

furadeira

vrtačka

consertar

opravit

pá

lopata

Droga!

Kurva!

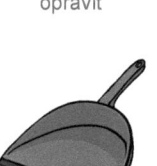

pá de lixo

lopatka

pote de tinta

vědroé na barvu

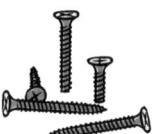

parafusos

šrouby

instrumentos musicais
hudební nástroje

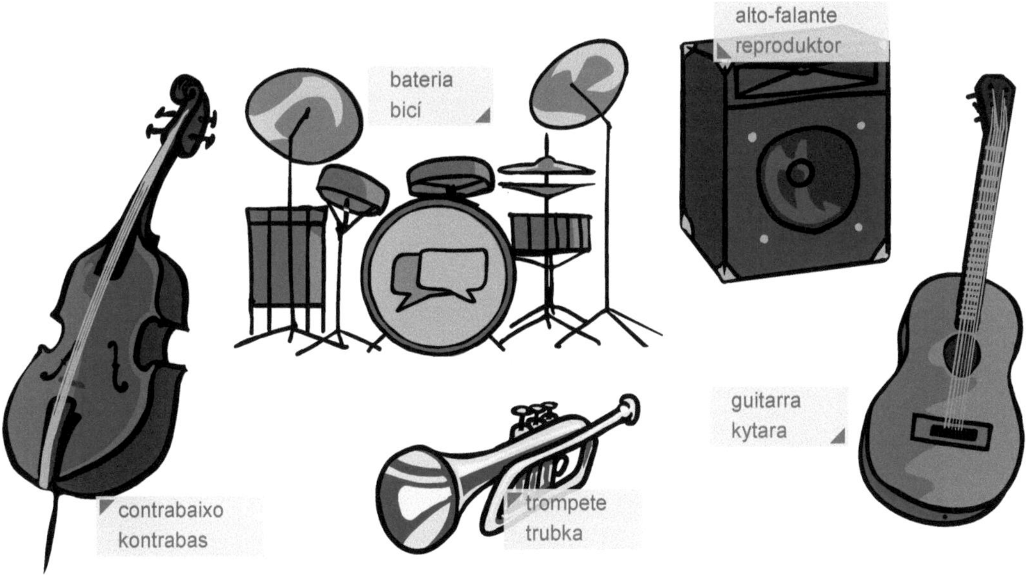

alto-falante
reproduktor

bateria
bicí

contrabaixo
kontrabas

trompete
trubka

guitarra
kytara

piano

klavír

violino

housle

baixo

basa

timbales

tympán

tambor

bubny

teclado

keyboard

saxofone

saxofon

flauta

flétna

microfone

mikrofon

entrada
vstup

tigre
tygr

gaiola
klec

zebra
zebra

ração animal
krmivo pro zvířata

panda
panda

animais
zvířata

elefante
slon

canguru
klokan

rinoceronte
nosorožec

gorila
gorila

urso
medvěd

camelo

velbloud

avestruz

pštros

leão

lev

macaco

opice

flamingo

plameňák

papagaio

papoušek

urso polar

lední medvěd

pinguim

tučňák

tubarão

žralok

pavão

páv

cobra

had

crocodilo

krokodýl

guarda do zoológico

ošetřovatel zvířat

foca

tuleň

jaguar

jaguár

pônei

poník

leopardo

leopard

hipopótamo

hroch

girafa

žirafa

águia

orel

javali

divoké prase

peixe

ryby

tartaruga

želva

morsa

mrož

raposa

liška

gazela

gazela

zoológico - zoo

futebol americano
americký fotbal

ciclismo
cyklistika

tênis
tenis

basquete
košíková

natação
plavání

boxe
box

hóquei no gelo
lední hokej

futebol
kopaná

badminton
badminton

atletismo
lehká atletika

handebol
házená

esqui
běh na lyžích

polo
vodní pólo

pular
skočit

abraçar
objímat

rir
smát se

andar
jít

cantar
zpívat

rezar
modlit se

beijar
políbit

sonhar
snít

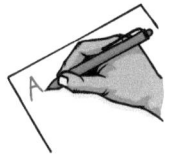

escrever

psát

desenhar

kreslit

mostrar

ukazovat

empurrar

tlačit

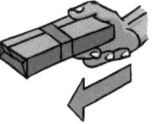

dar

dát

tomar

vzít si

ter
....
mít

fazer
....
dělat

ser
....
být

ficar de pé
....
stát

correr
....
běhat

puxar
....
táhnout

jogar
....
hodit

cair
....
padat

deitar
....
ležet

esperar
....
čekat

carregar
....
nosit

sentar
....
sedět

vestir
....
oblékat

dormir
....
spát

despertar
....
vzbudit se

olhar para

prohlédnout si

chorar

plakat

acariciar

pohladit

pentear

česat

falar

hovořit

entender

rozumět

perguntar

ptát se

ouvir

slyšet

beber

pít

comer

jíst

arrumar

uklidit

amar

milovat

cozinhar

vařit

dirigir

jet

voar

letět

velejar

plachtit

calcular

počítat

ler

číst

aprender

učit se

trabalhar

pracovat

casar

vzít si

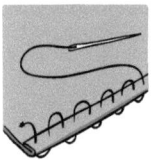

costurar

šít

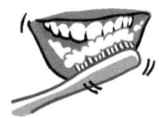

escovar os dentes

čistit si zuby

matar

zabít

fumar

kouřit

enviar

poslat

avó
babička

avô
dědeček

pai
otec

mãe
matka

bebê
dítě

filha
dcera

filho
syn

convidado

host

tia

teta

tio

strýc

irmão

bratr

irmã

sestra

corpo

tělo

testa
čelo
olho
oko
ombro
rameno
dedo
prst
rosto
obličej
queixo
brada
mão
ruka
peito
hruď
perna
dolní končetina
braço
paže

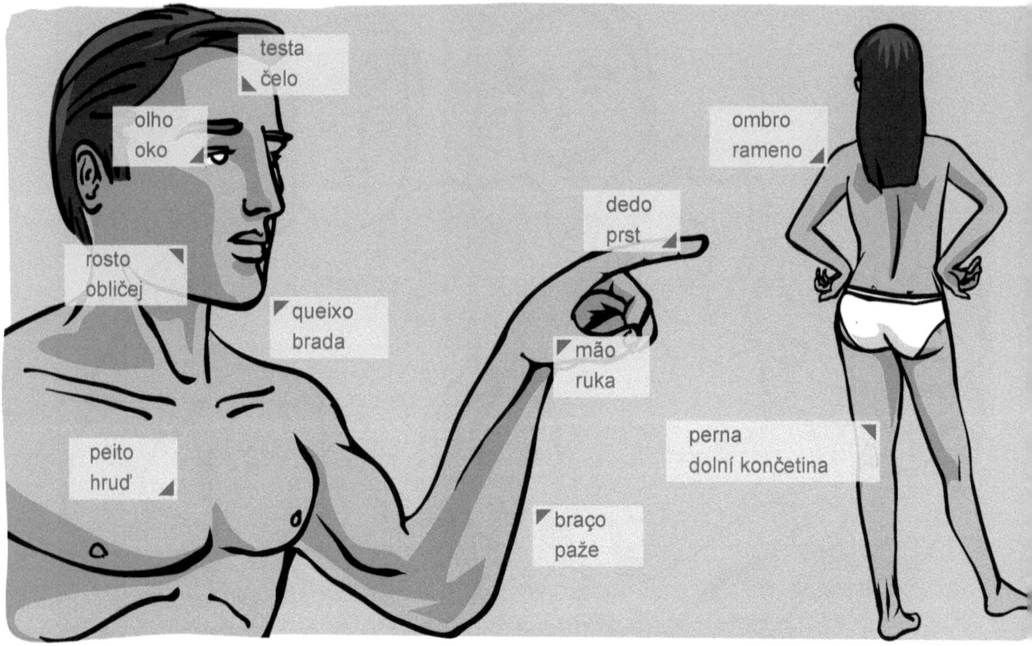

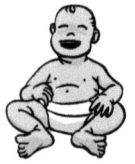

bebê

dítě

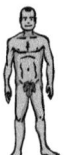

homem

muž

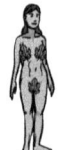

mulher

žena

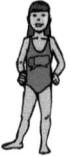

menina

dívka

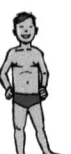

menino

chlapec

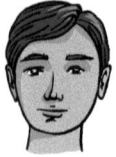

cabeça

hlava

costas
....
záda

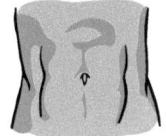

barriga
....
břicho

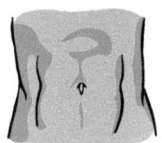

umbigo
....
pupík

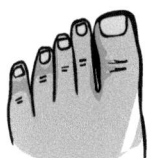

dedo do pé
....
prst na noze

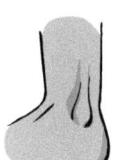

calcanhar
....
pata

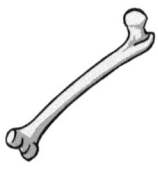

osso
....
kost

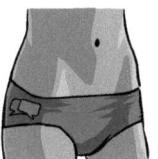

anca
....
bok

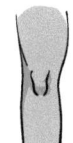

joelho
....
koleno

cotovelo
....
loket

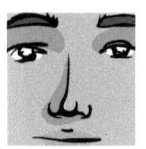

nariz
....
nos

nádegas
....
zadek

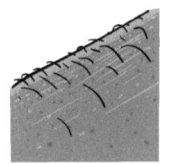

pele
....
kůže

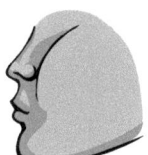

bochecha
....
tvář

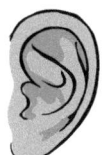

orelha
....
ucho

lábio
....
ret

boca

ústa

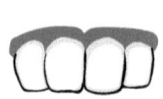

dente

zub

língua

jazyk

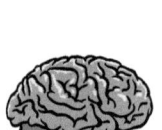

cérebro

mozek

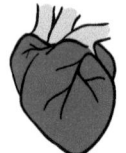

coração

srdce

músculo

sval

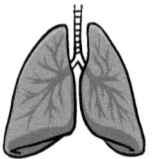

pulmão

plíce

fígado

játra

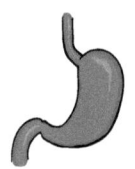

estômago

žaludek

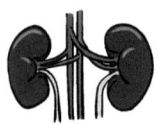

rins

ledviny

relações sexuais

pohlavní styk

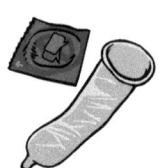

preservativo

kondom

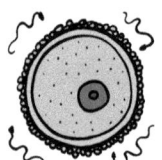

óvulo

vajíčko

esperma

sperma

gravidez

těhotenství

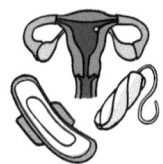

menstruação

menstruace

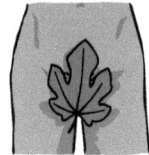

vagina

vagina

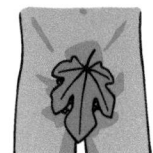

pênis

penis

sobrancelha

obočí

cabelo

vlasy

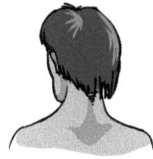

pescoço

krk

hospital
nemocnice

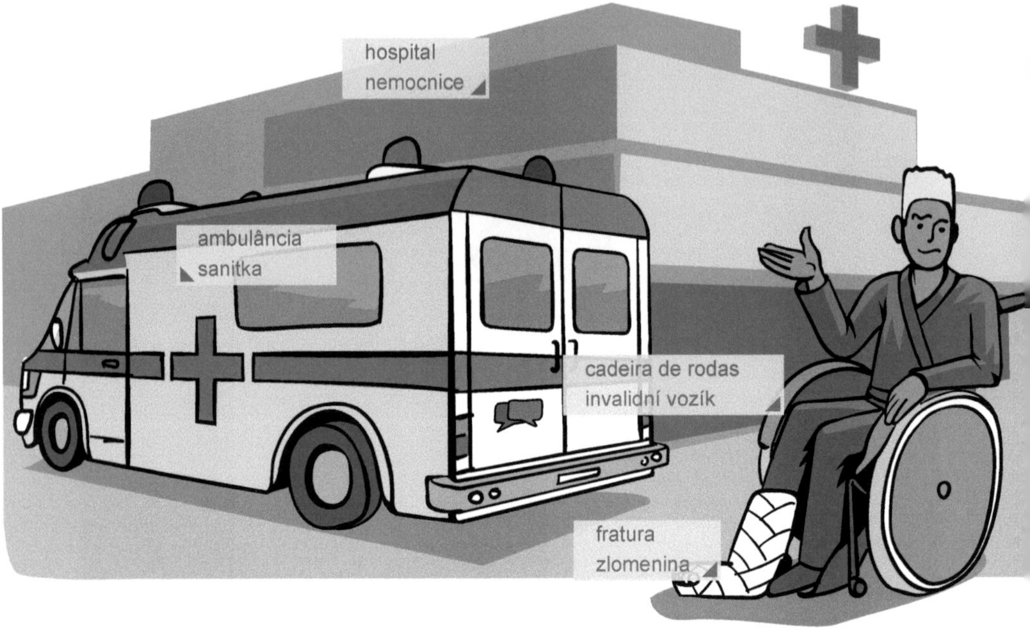

ambulância
sanitka

cadeira de rodas
invalidní vozík

fratura
zlomenina

médico

lékař

pronto-socorro

pohotovost

enfermeira

zdravotní sestra

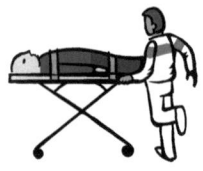

emergência

urgentní případ

inconsciente

v bezvědomí

dor

bolest

hospital - nemocnice

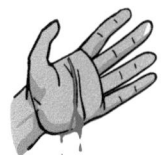

ferimento

úraz

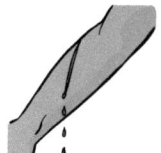

hemorragia

krvácení

ataque cardíaco

infarkt myokardu

acidente vacular cerebral

cévní mozková příhoda

alergia

alergie

tosse

kašel

febre

horečka

gripe

chřipka

diarreia

průjem

dor de cabeça

bolest hlavy

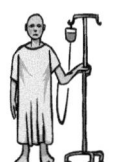

câncer

rakovina

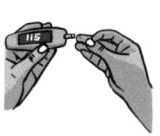

diabetes

cukrovka

cirurgião

chirurg

bisturi

skalpel

operação

operace

CT

CT

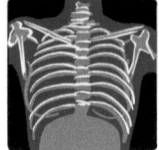

raio x

rentgen

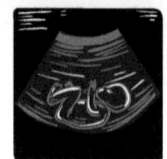

ultrassom

ultrazvuk

máscara

maska

doença

nemoc

sala de espera

čekárna

muleta

berle

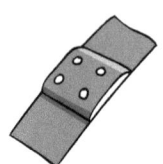

bandeide

náplast

ligadura

obvaz

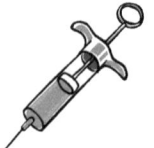

injeção

injekce

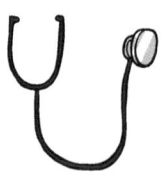

estetoscópio

stetoskop

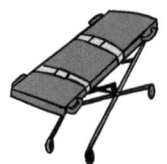

maca

nosítka

termômetro

teploměr

nascimento

porod

excesso de peso

nadváha

hospital - nemocnice

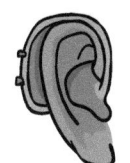

aparelho auditivo

naslouchátko

desinfetante

dezinfekční prostředek

infecção

infekce

vírus

virus

HIV / AIDS

HIV / AIDS

medicamento

lékařství

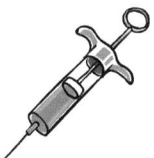

vacinação

očkování

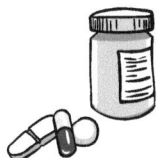

comprimidos

tablety

pílula

pilulka

chamada de emergência

tísňové volání

dispositivo de medição de pressão arterial

tonometr

doente / saudável

nemocný / zdravý

Socorro!
Pomoc!

alarme
poplach

assalto
přepadení

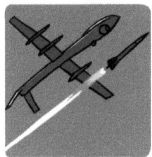

ataque
napadení

perigo
nebezpečí

saída de emergência
nouzový východ

Fogo!
Hoří!

extintor de incêndios
hasicí přístroj

acidente
nehoda

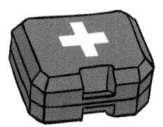

maleta de primeiros
socorros
zdravotnická brašna

SOS
SOS

polícia
policie

Europa

Evropa

América do Norte

Severní Amerika

América do Sul

Jižní Amerika

África

Afrika

Ásia

Asie

Austrália

Austrálie

Atlântico

Atlantik

Pacífico

Pacifik

Oceano Índico

Indický oceán

Oceano Antártico

Jižní ledový oceán

Oceano Ártico

Severní ledový oceán

Polo Norte

severní pól

Polo Sul

jižní pól

Antártica

Antarktida

Terra

země

terra

pevnina

mar

moře

ilha

ostrov

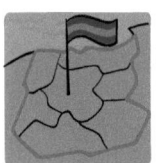

nação

národ

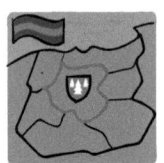

estado

stát

mostrador do relógio

ciferník

ponteiro das horas

hodinová ručička

ponteiro dos minutos

minutová ručička

ponteiro dos segundos

vteřinová ručička

Que horas são?

Kolik je hodin?

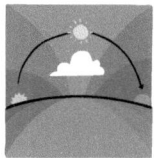

dia

den

tempo

čas

agora

teď

relógio digital

digitální hodinky

minuto

minuta

hora

hodina

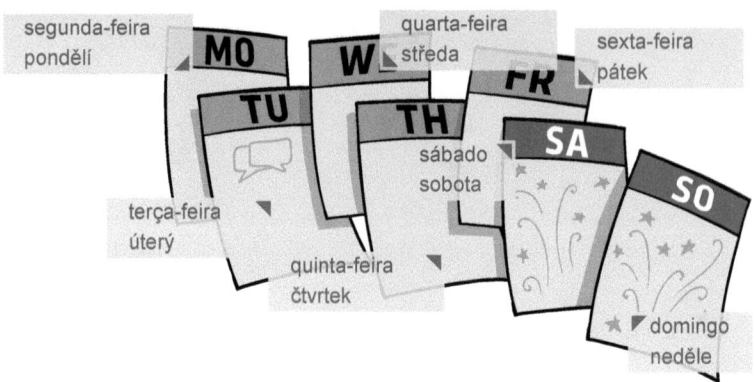

segunda-feira
pondělí

quarta-feira
středa

sexta-feira
pátek

terça-feira
úterý

sábado
sobota

quinta-feira
čtvrtek

domingo
neděle

ontem

včera

hoje

dnes

amanhã

zítra

manhã

ráno

meio-dia

poledne

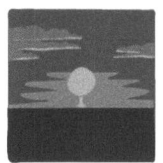

entardecer

večer

dias úteis

pracovní dny

fim de semana

víkend

ano
rok

chuva
déšť
arco-íris
duha
neve
sníh
vento
vítr
primavera
jaro
outono
podzim
verão
léto
inverno
zima

4.APRIL 11°
5.APRIL 4°
6.APRIL 13°
7.APRIL 8°
8.APRIL 10°

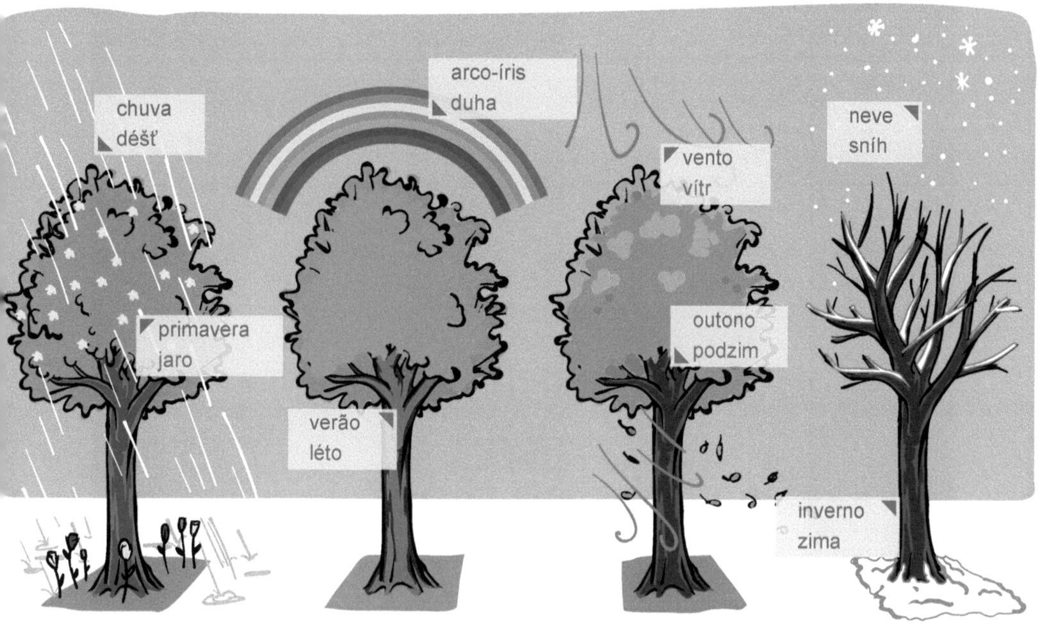

previsão do tempo

předpověď počasí

F C
120 40
90 30
60 20
30 10
0 0
-30 -10
-20

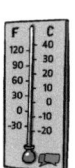

termômetro

teploměr

raio de sol

sluneční svit

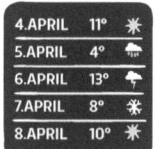

nuvem

mrak

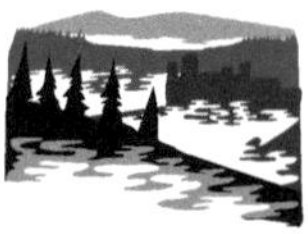

neblina / nevoeiro

mlha

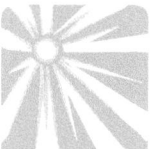

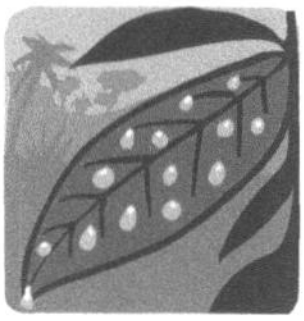

umidade do ar

vlhkost

relâmpago

blesk

trovão

hrom

tempestade

bouřka

granizo

kroupy

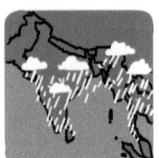

monção

monzun

inundação

povodeň

gelo

led

janeiro

leden

fevereiro

únor

março

březen

abril

duben

maio

květen

junho

červen

julho

červenec

agosto

srpen

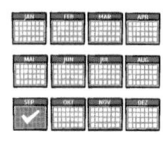

setembro
....
září

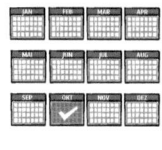

outubro
....
říjen

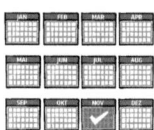

novembro
....
listopad

dezembro
....
prosinec

círculo
....
kruh

quadrado
....
čtverec

retângulo
....
obdélník

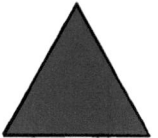

triângulo
....
trojúhelník

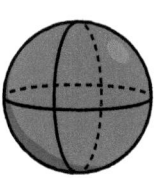

esfera
....
koule

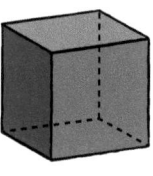

cubo
....
krychle

branco

bílá

amarelo

žlutá

laranja

oranžová

rosa

růžová

vermelho

červená

lilás

fialová

azul

modrá

verde

zelená

marrom

hnědá

cinza

šedá

preto

černá

muito / pouco

hodně / málo

furioso / tranquilo

rozzuřený / mírumilovný

lindo / feio

krásný / ošklivý

começo / fim

začátek / konec

grande / pequeno

velký / malý

claro / escuro

světlý / tmavý

irmão / irmã

bratr / sestra

limpo / sujo

čistý / špinavý

completo / incompleto

úplný / neúplný

dia / noite

den / noc

morto / vivo

mrtvý / živý

largo / estreito

široký / úzký

comestível / não comestível

jedlý / nejedlý

mau / gentil

zlý / hodný

entusiasmado / entediado

vzrušený / znuděný

gordo / magro

tlustý / hubený

primeiro / último

nejdříve / naposledy

amigo / inimigo

přítel / nepřítel

cheio / vazio

plný / prázdný

duro / macio

tvrdý / měkký

pesado / leve

těžký / lehký

fome / sede

hlad / žízeň

doente / saudável

nemocný / zdravý

ilegal / legal

ilegální / legální

inteligente / idiota

inteligentní / hloupý

esquerda / direita

vlevo / vpravo

perto / longe

blízko / daleko

novo / usado
....
nový / použitý

nada / alguma coisa
....
nic / něco

velho / jovem
....
starý / mladý

ligado / desligado
....
zapnutý / vypnutý

aberto / fechado
....
otevřeno / zavřeno

baixo / alto
....
tichý / hlasitý

rico / pobre
....
bohatý / chudý

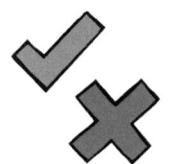

certo / errado
....
správný / špatný

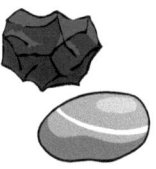

áspero / liso
....
drsný / hladký

triste / feliz
....
smutný / šťastný

curto / longo
....
krátký / dlouhý

lento / rápido
....
pomalý / rychlý

molhado / seco
....
vlhký / suchý

ameno / fresco
....
teplý / chladný

guerra / paz
....
válka / mír

0	**1**	**2**
zero	um	dois
nula	jedna	dva

3	**4**	**5**
três	quatro	cinco
tři	čtyři	pět

6	**7**	**8**
seis	sete	oito
šest	sedm	osm

9	**10**	**11**
nove	dez	onze
devět	deset	jedenáct

12

doze
dvanáct

13

treze
třináct

14

quatorze
čtrnáct

15

quinze
patnáct

16

dezesseis
šestnáct

17

dezessete
sedmnáct

18

dezoito
osmnáct

19

dezenove
devatenáct

20

vinte
dvacet

100

cem
sto

1.000

mil
tisíc

1.000.000

milhão
milion

inglês

angličtina

inglês americano

americká angličtina

chinês mandarim

standardní čínština

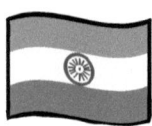

hindi

hindština

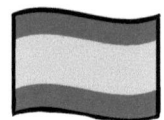

espanhol

španělština

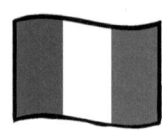

francês

francouzština

árabe

arabština

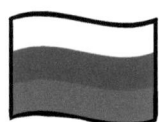

russo

ruština

português

portugalština

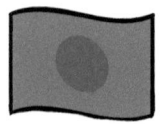

bengalês

bengálština

alemão

němčina

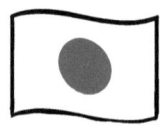

japonês

japonština

eu

já

você

ty

ele / ela

on / ona / ono

nós

my

vocês

vy

eles / elas

oni

quem?

Kdo?

O quê?

Co?

como?

Jak?

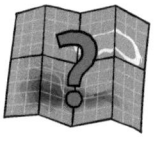

onde?

Kde?

Quando?

Kdy?

nome

jméno

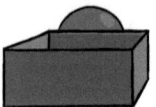

atrás
za

em
do

na frente de
z

sobre
nad

em cima
na

debaixo
mezi

do lado
vedle

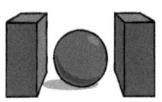

entre
mezi

lugar
místo